Inhalt

Keine Angst vor der Krise - Kommt es hart auf hart, gilt das Motto: Die Wahrheit, nichts als die Wahrheit ...

Kernthesen

Beitrag

Fallbeispiele

Weiterführende Literatur

Impressum

Keine Angst vor der Krise - Kommt es hart auf hart, gilt das Motto: Die Wahrheit, nichts als die Wahrheit ...

Harald Reil

Kernthesen

- Der japanische Energieversorger TEPCO lieferte für Unternehmen jeder Art ein Paradebeispiel dafür ab, was bei einer Krisenkommunikation alles falsch laufen kann.
- Eine gute Krisenkommunikation zeichnet sich durch Offenheit, Kooperationsbereitschaft mit den Medien und gegebenenfalls Mitleidsbezeigungen für

Geschädigte aus.
- Sie steht und fällt außerdem mit der Güte der Vorbereitung. Schon vor der Krise sollte daher geklärt sein, wer wen wann wie und worüber informiert.

Beitrag

Super-GAU: TEPCO lieferte Lehrstück für miserable Krisenkommunikation

Davon können alle Unternehmen lernen: Die Nuklearkatastrophe in Fukushima hielt im letzten Jahr die Welt in Atem. Die japanische Regierung ließ mehr als 100 000 Menschen zeitweilig oder für immer aus dem Super-GAU-Gebiet evakuieren. Hunderttausende von Nutz- und Wildtieren gingen elend zugrunde. Die Kernschmelze war aber auch für TEPCO, den größten Energieproduzenten Japans und Betreiber des Kernkraftwerks Fukushima Daiichi, ein Super-GAU. Hauptgrund waren die miserable Krisenkommunikation und - eng damit verbunden - das mangelnde Mitgefühl mit den Opfern. Die Folge war, dass die Weltöffentlichkeit, sobald ein neues Detail aus dem Katastrophengebiet auftauchte, welches die beschwichtigenden Aussagen des Energieversorgers wieder einmal desavouierte, zunehmend ungläubig ob der Unverfrorenheit TEPCOS kollektiv die Köpfe schüttelte. Schon in der Vergangenheit war der Energieriese immer wieder durch schlechte Kommunikation, Vertuschungen, Unwahrheiten oder Taktlosigkeiten aufgefallen. Gelernt schien TEPCO aus seinen früheren Fehlern allerdings nichts zu haben. Noch zehn Tage nach dem Atomdesaster rühmte sich das Unternehmen auf seiner Homepage für seinen Kampf gegen die Luftverschmutzung und seinen Einsatz für eine hohe Wasserqualität. Angesichts dieser Tatsachen ist es kein Wunder, dass das Image des Energieversorgers heute im Keller ist und das Unternehmen nur dank der finanziellen Unterstützung der japanischen Regierung, die sich bei ihrer Krisenkommunikation im Falle des Fukushima-Unglücks auch nicht gerade mit Ruhm bekleckert hat, von der Insolvenz bewahrt werden konnte. (1), (2)

Gute Krisenkommunikation ist offen, ehrlich und kooperativ

Das Nukleardesaster von Japan ist ein Paradebeispiel dafür, was Unternehmen in Krisenzeiten in punkto Kommunikation alles falsch machen können. Das einzig Richtige in dieser Situation wäre gewesen, von

Anfang an konsequent alle Karten offen auf den Tisch zu legen. Das hätte Spekulationen vorgebeugt und dem Unternehmen die peinliche Erfahrung erspart, sich immer wieder mit neuen Tatsachen konfrontiert zu sehen, die vormalige Behauptungen ad absurdum führten. Auch Ausdrücke des Bedauerns und des Mitleids mit den Opfern und Hinterbliebenen wären TEPCO gut zu Gesicht gestanden. Stattdessen informierte der Energieversorger über sein Twitteraccount kalt und emotionslos über geplante Stromausfälle und weitere Erdbeben, die zu erwarten wären. Kurz: Eine gute Krisenkommunikation sieht sicherlich anders aus. Oder konkreter formuliert: Unternehmen, die sich das TEPCO-Desaster als Lehrstück vor Augen halten und bei einer Krise, die sie meistern müssen, genau anders herum vorgehen als die Japaner es vorexerziert haben, werden sich sicherlich besser aus der Affäre ziehen als der Energieriese. Die Wahrheit, nichts als die Wahrheit, sollte ihr Motto sein, da die Medien, wenn sie einmal Blut geleckt haben, ohnehin jeden Schlupfwinkel ausfindig machen. Sich verstecken zu wollen, hilft daher wenig. Wer also von Anfang an ehrlich kommuniziert, nichts vertuscht, offen auf die Medien zugeht und sie mit allen Informationen versorgt, braucht sich später zumindest nicht vorwerfen zu lassen, gelogen zu haben. (2), (3), (4), (5)

Das 1x1 der Krisenkommunikation: Wer verständigt wen, wann, wie und worüber?

Zu einer guten Krisenkommunikation gehört aber noch mehr. Nur Unternehmen, die gut vorbereitet sind, werden im Ernstfall auch rasch, effizient und ohne sich in Widersprüche zu verwickeln, kommunizieren können. Allerdings stellt man immer wieder fest, dass viele Firmen gerade in diesem Punkt massiven Nachholbedarf haben. Krisenkommunikationspläne verstauben in Schubläden, der Ernstfall wird nicht ernst genommen - oft mit fatalen Folgen für die betroffenen Unternehmen, die von den Medien öffentlich zerfleischt werden. Zu einer guten Vorbereitung auf den Krisenfall gehören zunächst einmal eindeutig festgelegte Zuständigkeiten. Sie lassen sich mit den so genannten 5-W-Fragen leicht abdecken: Wer verständigt wen wann wie und worüber? Auch sollten die Kommunikationsverantwortlichen wenigstens einmal einen Testfall durchspielen. Denn schließlich gibt nur ein Praxisbeispiel darüber Aufschluss, ob das Unternehmen, wenn es ernst wird, wirklich gerüstet ist, oder ob es noch die eine oder andere Stellschraube nachjustieren muss. Firmen, die mehr als andere im Blickpunkt der Öffentlichkeit stehen, sind außerdem gut beraten, ihre Kommunikationsverantwortlichen zu Schulungen zu schicken, bei denen ihnen mediengerechtes Auftreten und Verhalten vermittelt wird. Vor allem vor der Fernsehkamera oder vor dem Radiomikrofon gibt es viele Fettnäpfchen, die es zu umgehen gilt. Gibt es wirklich einmal eine Krise, dann heißt es kommunizieren, kommunizieren und nochmals kommunizieren - geradeheraus und ohne Umschweife, notfalls rund um die Uhr. (6), (7)

Trends

Krisenkommunikation in Echtzeit wird immer wichtiger

Im Zeitalter des Internets kommt der Krisenkommunikation schon jetzt ein hoher Stellenwert zu, der in Zukunft aber sicherlich noch zunehmen wird. Unternehmen haben kaum mehr Muße, sich erst während einer Krise Schlachtpläne für eine richtige Strategie zurechtzulegen. Sie müssen in Echtzeit reagieren und alles daran setzen, die bedrohliche Situation von Anfang an zu deeskalieren. Die richtige Vorbereitung auf den potenziellen

Ernstfall ist daher immens wichtig. Dazu gehören nicht nur Testläufe, bei denen Zuständigkeiten noch einmal auf den Prüfstand gestellt werden, sondern auch der ständige Dialog mit den Kunden auf den gängigen Social-Media-Plattformen. Wer dort genau hinhört, hat die Chance, mögliche Konfliktherde schon frühzeitig zu erkennen und sich entsprechend darauf einzustellen. (6), (12)

Fallbeispiele

Apple setzt sich in die Nesseln

Die Kultfirma Apple muss aufpassen, dass sie ihren Kredit bei ihren Fans nicht verspielt. Angesichts der Selbstmorde einiger Mitarbeiter wegen unmenschlicher Arbeitsbedingungen, die bei Zulieferfirmen des Konzerns wie zum Beispiel Foxconn bekannt geworden sind, hat Apple alles andere als souverän reagiert. Statt Anteilnahme mit den Opfern zu zeigen, empörte sich Apple-Chef Tim Cook und wies die Vorwürfe, das wertvollste Unternehmen der Welt würde sich nicht um diese Problematik kümmern, weit von sich. Nach Ansicht von Kritikern geht diese Stellungnahme allerdings am eigentlichen Problem vorbei. Apple müsse lernen, offener und transparenter zu kommunizieren, statt sich in seinen Elfenbeinturm zurückzuziehen. Auslöser von Cooks intern verschickter Mail waren rund 250 000 Zuschriften, die Apple dazu verpflichten wollten, auch bei ihren Zulieferern für bessere Arbeitsbedingungen zu sorgen. (8)

Mittelstand hat Nachholbedarf

Der Mittelstand hat Nachholbedarf in der Krisenkommunikation. Zu diesem Ergebnis kamen rund 90 Experten, die im Juni dieses Jahres am dritten Krisenkommunikationsgipfel in Österreich teilnahmen. Veranstalter waren das Zentrum für Journalismus und Kommunikationsmanagement der Donau-Universität Krems und das Kieler Krisennavigator-Institut für Krisenforschung. Die wesentlichste Erkenntnis des "Krisengipfels": Ehrliche und offene Kommunikation zahlt sich aus. (10)

Bundesagrarministerium will Krisenkommunikation verbessern

Das Bundesagrarministerium (BMELV) will seine Krisenkommunikation besser koordinieren und will zu diesem Zweck ein Expertenteam ins Leben rufen. Auslöser war die EHEC-Krise, mit der sich die Lebensmittelindustrie im letzten Jahr auseinandersetzen musste. Allein in Deutschland waren dem Darmerreger fünfzig Menschen zum Opfer gefallen. Die Bevölkerung wurde durch unterschiedliche Aussagen der Bundes- und Landesbehörden, verschiedener Minister und wissenschaftlicher Einrichtungen zusätzlich verunsichert. Einige der geplanten Änderungen: In Zukunft sollen nicht mehr alle 16 Bundesländer im Krisenstab vertreten sein, sondern nur noch jene, die wirklich von einer Krise betroffen sind. Auch wer wann neue Erkenntnisse an die Medien weitergibt, soll klar geregelt werden. Die Verantwortlichen denken außerdem darüber nach, den Ernstfall regelmäßig zu proben. (11)

Kommunikationsexperte rät: Fehler zugeben

Ein Kommunikationsexperte, der es wissen muss, rät der Veredelungsbranche zur offenen Kommunikation: Michael H. Spreng, ehemaliger Chefredakteur des Kölner Express und von Bild am Sonntag, betont außerdem, dass das Eingeständnis von Fehlern immer besser sei, als der Versuch, diese zu vertuschen oder herunterzuspielen. Nur eine transparente Kommunikation garantiere auch, dass Unternehmen bei der Interpretation bestimmter Ereignisse die Zügel in der Hand behielten. (9)

IHK-Kurse: Sicher in der Krise

Weiterbildungsangebote für Kommunikationsverantwortliche, die ihr Unternehmen auch in Krisenfällen optimal verkaufen müssen, gibt es genug. Entsprechende Kurse bieten zum Beispiel die Industrie- und Handelskammern an. (13)

Weiterführende Literatur

(1) Krisen-Kommunikation
aus "Börsen-Kurier" vom 24.03.2011 Seite 2

(2) Krisenkommunikation über Twitter
aus Password, Heft 06/2012, S. 26

(3) Manchmal ist reden Gold
aus IO Management Nr. 2 vom 22.03.2012, Seiten 52 - 55

(4) Weil reden hilft KRISENKOMMUNIKATION
Laufen die Geschäfte schlecht, so fließen Informationen meist nur spärlich. Ein Fehler, denn je offener kommuniziert wird, desto leichter lassen sich Krisen vermitteln - und überstehen
aus impulse vom 29.03.2012, Seite 64-67

(5) Glaubwürdig im Handeln und im Dialog
aus afz - allgemeine fleischer zeitung 24 vom

13.06.2012 Seite 006

(6) Die Spielregeln in der Krise
aus "medianet" Nr. 1559/2012 vom 05.06.2012 Seite: 5

(7) Krisenkommunikation. Gute Vorbereitung ist fast alles
aus "medianet" Nr. 1559/2012 vom 05.06.2012 Seite: 5

(8) Absturz in der Schweigespirale: Apples Krisenkommunikation ist ein Desaster
aus horizont.net vom 13.02.2012

(9) Spreng rät zu pro-aktiver Krisenkommunikation
aus Agra-Europe (AgE), 53. Jahrgang Nr. 20 vom 14.05.2012

(10) Kommunikation am Prüfstand
aus "Telekom Report" Nr. 06/2012 vom 24.07.2012 Seite 31

(11) Klare Ansagen im Krisenfall
aus agrarzeitung 15 vom 13.04.2012 Seite 005

(12) Shitstorms - die kollektive Wut der Internet-User ist unberechenbar
aus GENIOS WirtschaftsWissen Nr. 07 vom 02.07.2012

(13) Fit für Presse und Kamera: Firma optimal "verkaufen"
aus IHK-Magazin - Wirtschaftsnachrichten der IHK Mittlerer Niederrhein Nr. 07 vom 02.07.2012 Seite 44

Impressum

Keine Angst vor der Krise - Kommt es hart auf hart, gilt das Motto: Die Wahrheit, nichts als die Wahrheit ...

Bibliografische Information der deutschen Nationalbibliothek

Die Deutsche Nationalbibliothek verzeichnet diese Publikation in der deutschen Nationalbibliografie; detaillierte bibliografische Daten sind im Internet über http://dnb.d-nb.de abrufbar.

ISBN: 978-3-7379-0391-2

© 2015 GBI-Genios Deutsche Wirtschaftsdatenbank GmbH, Freischützstraße 96, 81927 München, www.genios.de

Alle Rechte vorbehalten. Dieses Werk ist einschließlich aller seiner Teile – z.B. Texte, Tabellen und Grafiken - urheberrechtlich geschützt. Jede Verwertung außerhalb der Grenzen des Urheberrechtsgesetzes bedarf der vorherigen Zustimmung des Verlags. Dies gilt insbesondere auch für auszugsweise Nachdrucke, fotomechanische Vervielfältigungen (Fotokopie/Mikroskopie), Übersetzungen, Auswertungen durch Datenbanken oder ähnliche Einrichtungen und die Einspeicherung und Verarbeitung in elektronischen Systemen.